El diario
de *Piense*
y *hágase rico*

Tarcherperigee Book

El diario de *Piense y hágase rico*

Basado en la guía de referencia para llegar al éxito de Napoleon Hill

EDICIONES OBELISCO

Si este libro le ha interesado y desea que le mantengamos informado
de nuestras publicaciones, escríbanos indicándonos qué temas son de su interés
(Astrología, Autoayuda, Psicología, Artes Marciales, Naturismo,
Espiritualidad, Tradición…) y gustosamente le complaceremos.

Puede consultar nuestro catálogo en www.edicionesobelisco.com

Colección Éxito
EL DIARIO DE *PIENSE Y HÁGASE RICO*
Napoleon Hill

1.ª edición: marzo de 2023

Traducción: *Bárbara Pesquer Isasi*
Maquetación: *Isabel Also*
Corrección: *Sara Moreno*
Diseño de cubierta: *Enrique Iborra*

© 2022, D-Strategy, LLC
Edición publicada por acuerdo con Tarcher Perigee,
sello editorial de Penguin Publishing Group, una división de Penguin Random House LLC.
(Reservados todos los derechos)
© 2023, Ediciones Obelisco, S. L.
(Reservados los derechos para la presente edición)

Edita: Ediciones Obelisco, S. L.
Collita, 23-25. Pol. Ind. Molí de la Bastida
08191 Rubí - Barcelona - España
Tel. 93 309 85 25
E-mail: info@edicionesobelisco.com

ISBN: 978-84-9111-978-4
DL B 3338-2023

Impreso en los talleres gráficos de Romanyà/Valls S. A.
Verdaguer, 1 - 08786 Capellades - Barcelona

Printed in Spain

Introducción

Piensa y hazte rico. Suena fácil, ¿verdad? ¿Es demasiado bueno para ser cierto? Todo lo que tienes que hacer es imaginar y creer que *cualquier* cosa que desees, la conseguirás, y entonces te harás… con cualquier cosa que quieras (salud, riqueza, el trabajo de tus sueños, tu pareja ideal o un Tesla nuevecito). Basta con creer con la suficiente intensidad que lo conseguirás y será tuyo. Ésa es la premisa bajo la cual se han escrito multitud de libros superventas de autoayuda, incluyendo *Como un hombre piensa* (1903) de James Allen, *La ciencia de hacerse rico* (1910) de Wallace D. Wattles, *Piense y hágase rico* (1937) de Napoleon Hill, *El poder de la mente subconsciente* (1963) de Joseph Murphy y, más recientemente, *El secreto* (2006) de Rhonda Byrne. Todos esos libros y muchos más en la misma línea están arraigados en los escritos de Phineas Parkhurst Quimby, un curandero espiritual de mediados del siglo XIX que desencadenó el Movimiento del Nuevo Pensamiento.

La idea que hay detrás del Movimiento del Nuevo Pensamiento es que un poder inteligente, creativo y omnipotente se infiltra en todo ser vivo, nosotros incluidos. Empleando nuestra mente, podemos acceder a este poder y usarlo para nuestro provecho. Alineados con esa fuerza, podemos crear nuestra propia realidad simplemente imaginándonosla y creyendo que será así. Mediante la ley de la atracción, lo que deseamos y creemos que recibiremos se verá atraído hacia nosotros como el metal va a los imanes. Si esto te está sonando mucho a un comentario de Yoda de *Star Wars,* estás empezando a captar el Nuevo Pensamiento. Tal como dice Yoda: «Hazlo o no lo hagas, pero no lo intentes».

Cuando crecemos, a menudo se nos dice que somos lo que comemos y que «el hábito hace al monje», pero ¿a cuántos de nosotros se nos enseña que *somos lo que pensamos?* Dale un par de vueltas a ese concepto por un instante y te darás cuenta de lo cierto que es eso. ¿Qué es lo único sobre lo que tienes un control *absoluto* en tu vida?

Espera y verás…

*Todo lo que haces empieza
con un pensamiento.*

Tus pensamientos; lo que tú optas por pensar. Tus pensamientos pueden hacerte feliz o entristecerte. Pueden ponerte rumbo a tener un éxito superlativo o a ser un fracaso absoluto, a ser un respetado miembro de la sociedad o a ser un delincuente despreciable. Cada edificio, autopista, negocio y producto empezaron siendo un pensamiento. Todo lo que haces empieza con un pensamiento, y todo lo que haces en último término define tu destino. Tú eres un producto de tus pensamientos y de tus elecciones.

A lo largo del curso de nuestra vida, se nos hace creer que el éxito nunca es cosa fácil, a menos que seas uno de los pocos afortunados que han nacido ricos, que son extremadamente afortunados, o que ganan la lotería. Tenemos que trabajar duro para obtener lo que queremos, ¿verdad? Pero algunas personas parecen hacerse con lo que quieren casi sin esfuerzo, mientras que otros tienen dos o tres trabajos y parece que nunca logren triunfar. ¿Podría ser que quienes tienen menos éxito entre nosotros simplemente no creen lo suficiente en sus sueños o que simplemente no están trabajando lo suficientemente duro? Ciertamente, es una posibilidad, pero desear y creer no lo es todo para hacerte con todo lo que quieres obtener de la vida, y limitarse a trabajar duro por lo que deseamos tampoco es el secreto.

Así que, ¿cuál es el secreto? En resumidas cuentas, el secreto para obtener el éxito en cualquier área de tu vida es mantener ocupado a ese cerebro grande, hermoso y complejo que tienes, al cerebro de otros y a la mente metafísica colectiva; al igual que a la Inteligencia Infinita, que lo impregna todo y que pone todo eso a trabajar en tu beneficio. Tu cerebro trabaja las veinticuatro horas de los siete días de la semana; incluso cuando el resto de tu persona está durmiendo, concibe soluciones e innovaciones. Cuando tu cerebro está ocupado por completo y absorto en su facultad creativa y en el talento de otras personas, tú empiezas a trabajar de forma más inteligente en lugar de trabajar más duro para hacer tus sueños realidad. Actúa correctamente y el éxito vendrá a ti casi sin esfuerzo.

¿Cómo? Ésa sí que es la pregunta del millón, y es la pregunta que Napoleon Hill se lanza a responder en *Piense y hágase rico*. Él analizó las vidas de más de 25 000 personas que han tenido éxito y que no lo han tenido para descubrir la fórmula mágica para hacerse rico. Así que lo redujo todo a trece principios y seis pasos. Desde entonces, millones de personas de todo el mundo han seguido esta fórmula para conseguir salud, riqueza, felicidad, realización personal y todas las cosas buenas que ofrece la vida.

Ahora ha llegado tu turno para reclamar tu pedazo del pastel de la prosperidad y de la felicidad, y este diario guiado te orientará a través del proceso, al tiempo que te brindará el espacio que necesitas para documentar tu viaje a lo largo del camino. Descubrirás la fórmula del éxito; los principios y los pasos para hacer tus sueños realidad. El resto depende de ti.

Sobre este diario

Uno puede emplear este diario guiado tanto por sí solo como en paralelo junto al clásico superventas *Piense y hágase rico* de Napoleon Hill. Pero no hace falta leer ese libro para sacar provecho de este diario, porque este diario te pone al día en un santiamén en relación con los trece principios y a los seis pasos que conforman los fundamentos de la fórmula para el éxito de Hill.

Mientras que *Piense y hágase rico* está repleto de historias interesantes sobre gente que ha aplicado dicha fórmula para convertirse en una persona adinerada y obtener los bienes materiales que desea, este diario te guía a través del proceso de escritura de la historia de tu propio paso de mendigo a millonario, y amplía la aplicación de la fórmula a todos los aspectos de tu vida.

Para iniciar tu viaje hacia la prosperidad y una vida mejor, empieza leyendo las secciones «Los trece principios para pensar y hacerse rico» y «Los seis (más o menos) pasos para hacerte con todo lo que quieres obtener de la vida». El resto del libro hace las veces de diario y de libro de ejercicios que te guiarán a través del proceso para obtener lo que tú desees. Cada desglose de cinco páginas ofrece espacio para registrar tu viaje a fin de alcanzar un objetivo en particular.

Este libro no es el típico diario con entradas diarias y fechadas. Más bien, esto es el diario de tus deseos más profundos y de tus más altas aspiraciones. Quizá estés persiguiendo diversos objetivos al mismo tiempo (por ejemplo, avanzar en tu carrera o montar un negocio, perseguir el ser rico o llegar a un objetivo para estar en forma y planear una aventura en un país extranjero). Es posible que te veas a ti mismo deambulando por este diario a medida que avanzas hacia la obtención de todos esos objetivos al mismo tiempo.

Cuando hayas rellenado este diario de entradas, tendrás un registro completo de veinticinco de tus sueños más ambiciosos y de cómo los has conseguido. Y más importante aún, habrás obtenido veinticinco cosas que no tenías antes.

El diario
de *Piense*
y *hágase rico*

Los trece principios para pensar y hacerse rico

Napoleon Hill identificó trece principios como la base de la fórmula secreta para hacerte con lo que deseas. Los *principios* son verdades fundamentales o propuestas que sirven como pilares para un sistema de creencias o de prácticas. Comprendiendo esos principios, entenderás cómo y por qué funciona la fórmula secreta. Las secciones siguientes sintetizan los trece principios para pensar, vivir y alcanzar el éxito.

1.er principio – El deseo

El *deseo* es el ímpetu que impulsa el pensamiento y la acción. El deseo de la autopreservación es el más fuerte. Tenemos hambre y sed de forma natural y no nos detenemos ante nada para satisfacer esos anhelos. El deseo de vencer impulsa la competitividad. El deseo de tener una vida mejor impulsa la innovación. Desear unos cannoli[1] nos conduce al restaurante italiano más cercano.

---

1. El *cannolo* es un dulce italiano típico de Sicilia consistente en una masa enrollada en forma de tubo relleno de queso ricota combinado con otros ingredientes. *(N. de la T.)*

Desafortunadamente, a muchos de nosotros nos hacen creer que el deseo es la raíz de todos los males. A menudo se fomenta que mantengamos nuestros deseos bajo control. Algunas personas, incluso, llegan al punto de intentar acabar con nuestros deseos con sus actitudes negativas y derrotistas, diciéndonos que no podemos alcanzar un sueño porque no somos suficientemente inteligentes, no tenemos el talento suficiente, o no somos lo suficientemente ricos, o que eso es sencillamente imposible.

Ciertamente, el deseo puede ser algo negativo. Por ejemplo: si nos motiva un deseo que absorbe toda nuestra atención para obtener drogas, sexo, poder, dinero o venganza, vamos directos hacia la autodestrucción. Pero desear tener salud, riqueza y satisfacción personal es la fuerza motriz que hay detrás de todo lo que logramos en la vida. Para pensar, vivir y hacernos ricos, primero debemos avivar las llamas de nuestros deseos. Nuestro deseo debe ser lo suficiente fuerte para sostenernos incluso cuando las cosas se ponen difíciles.

2.º principio – La fe (la certeza)

La *fe* es la certeza (la ausencia de duda) de que obtendrás lo que deseas (y eso es cosa hecha porque así es como funciona el universo). Napoleon Hill llama a la fe «un elixir eterno que da vida, poder y acción al impulso del pensamiento». Transforma el deseo y el pensamiento en determinación e involucra el poder metafísico, la Inteligencia Infinita, la cual hace lo que haga falta para hacer realidad un deseo o una idea.

La duda socava la certidumbre. Poner en duda de cualquier forma que obtendrás lo que deseas debilita nuestra determinación y el poder metafísico que hace que nuestros deseos den fruto. Elimina de tu vocabulario palabras o frases como «no puedo», «quizá», «lo haré lo mejor que pueda», «imposible», y «no es probable», puesto que todas ellas expresan que se duda del resultado deseado.

3.er principio – La autosugestión

La *autosugestión* es una herramienta empleada para eliminar la duda y transferir los deseos desde la conciencia hasta la mente subconsciente. Plantéatelo en los términos del diálogo interno que se produce en tu cerebro a lo largo del día. ¿Qué te estás diciendo a ti mismo a lo largo del día? ¿Que tú no eres suficientemente bueno, suficientemente listo, que no tienes el talento suficiente, o que no eres lo suficientemente guapo para obtener lo que quieres? ¿Que tu destino es ser pobre? ¿Que estás enfermo o que no estás en forma? Si es así, ya es hora de cambiar los mensajes en envías. Nuestro pensamiento motivador es el producto de lo que se nos ha enseñado y se nos ha llevado a creer a lo largo del curso de nuestra vida, y a menudo es contraproducente. Si tú crees que «el dinero es la raíz de todos los males» o que «apenas gano lo suficiente para vivir», estás debilitando tu determinación en pos de la abundancia y la prosperidad.

El pensamiento motivador empieza en nuestra mente consciente y pensante, pero si repetimos cierta frase el tiempo suficiente, podemos reemplazar antiguas creencias por pensamientos nuevos, más positivos. Hill denomina a este proceso «autosugestión». El subconsciente es el aspecto fértil y creativo de la mente que hace que nuestros deseos den fruto. Hace todo lo que se le dice en consonancia con lo que tú crees. La autosugestión es el proceso por el cual usas tu mente consciente para delegar tareas a tu mente subconsciente.

Para eliminar la duda y hacer que tu mente subconsciente trabaje para ti en lugar de contra ti, deshazte del pensamiento motivador negativo y repítete afirmaciones positivas a lo largo del día. En líneas generales, empieza pensando en aspectos de tu vida tal y como te gustaría que fueran en lugar de como percibes que son en este momento.

4.º principio – El conocimiento especializado

El *conocimiento especializado* es un conocimiento práctico (tiene un propósito), en contraposición con el conocimiento general de hechos y de principios. Por ejemplo, las matemáticas son un conocimiento general que puede convertirse en un conocimiento especializado cuando se lo emplea para análisis estadísticos o financieros, diseñar un rascacielos, crear algoritmos de aprendizaje automático o ejecutar los cálculos complejos necesarios para colocar un Land Rover en Marte. Cuando se los organiza y se los dirige con inteligencia por medio de un plan de acción, el conocimiento especializado brinda el resultado deseado.

La buena noticia es que no necesitas poseer un conocimiento especializado para pensar, vivir y hacerte rico. Puedes adquirir un conocimiento especializado mediante la educación o colaborando con otros que ya tienen el conocimiento necesario. Todo lo que necesitas es una idea o una visión, la determinación para llevarla a cabo, y la habilidad de organizar el conocimiento a fin de lograr tu objetivo.

5.º principio – La imaginación

La *imaginación* es el taller de la mente. Una de las citas más importantes de Napoleon Hill es: «Todo aquello que la mente pueda concebir y creer, lo podrá alcanzar». Coches, aviones, ordenadores, *smartphones…,* menciona lo que quieras; cualquier cosa creada por el ser humano empezó como una idea en la mente de alguien.

Para obtener lo que deseas, empieza por una idea. La capacidad de emplear tu imaginación para imaginar en tu mente lo que tú quieres es lo que inicia el proceso de creación. Puedes desear cualquier cosa (desde una casita en la playa hasta un trabajo que te ilusiona cada mañana). Sigue adelante y sueña a lo grande y ten la certeza absoluta de que cualquier cosa que imagines se puede materializar en el mundo real.

6.º principio – La planificación organizada

La *planificación organizada,* que es un producto de la imaginación, cristaliza el deseo en la acción. Todo lo que creamos lo impulsa el deseo, formulado en una idea en la imaginación, para entonces transformarlo en algo concreto a partir de lo abstracto a través de una planificación organizada. Planificar implica adquirir y dirigir los recursos, recursos humanos incluidos, necesarios para hacer que una idea dé resultados.

Cuando decides hacer un viaje por carretera, lo primero que haces es introducir tu ubicación y tu destino en tu aplicación de mapas para plantearte cómo llegarás desde el punto A hasta el punto B. Tener un plan bien definido sobre cómo alcanzar tus objetivos es tan importante como conocer qué caminos necesitas tomar para tu viaje. Pero planear un viaje por carretera no necesariamente termina con esa primera búsqueda. A medida que conduces, tu aplicación de mapas modifica la ruta para guiarte por los atascos de tráfico y ponerte de nuevo en la ruta correcta cuando te pasas de largo una salida o giras hacia la dirección equivocada. Asimismo, es posible que necesites reconsiderar tu plan y hacer algunos ajustes cuando las condiciones cambian o cuando llegas a un callejón sin salida en tu camino hacia obtener lo que quieres.

Date cuenta de que la planificación organizada no requiere necesariamente gran cantidad de tiempo y energía. No hace falta que te estrujes el cerebro. De hecho, Napoleon Hill nos advierte contra la idea de ser demasiado racional, porque tu mente consciente puede interferir en tu mente subconsciente más creativa mientras ésta se encuentra desarrollando un plan. Ordénale a tu subconsciente que se le ocurra una estrategia y sé receptivo cuando te presente esa estrategia. No le des demasiadas vueltas.

7.º principio – La decisión

Una *decisión* es una elección realizada tras considerar varias opciones. La gente que tiene éxito decide con rapidez y cambia de idea con lentitud. La gente que no tiene éxito tarda en decidirse y cambia de idea rápidamente, o simplemente no decide nada; se dedica a procrastinar.

Cuando no estamos tomando decisiones, otra persona está decidiendo por nosotros, y eso no tiene gracia. No estamos viviendo nuestra vida; otras personas nos están controlando. Quedamos a merced de nuestras circunstancias. Cuando tomamos las decisiones, llevamos las riendas, estamos creando nuestras propias circunstancias. Eso *sí que es* vivir. Desde luego, en cierta medida, las circunstancias influyen en nuestra habilidad para alcanzar nuestros sueños, pero nuestra mente (trabajando en tándem con la Inteligencia Infinita, a la cual puede acceder todo el mundo) puede superar cualquier desafío que planteen nuestras circunstancias.

Date cuenta de que el mero hecho de desear algo no es suficiente. Todo el mundo quiere más dinero, un buen lugar donde vivir, un trabajo gratificante y amigos fantásticos. Pero cuando sólo tienes un deseo, no puedes acceder al almacén de poder disponible a través del universo metafísico. La gente sin un propósito claro y sin un plan tiene tendencia a procrastinar. Posterga sus sueños al tiempo que se centra en vivir dentro de las limitaciones que percibe.

En lugar de desear algo porque sí, márcate una meta (tanto si es ganar 100 000 al año, tener dinero y tiempo libre suficiente para pasar dos semanas en las Bahamas, o cualquier cosa que quieras) y comprométete entonces a alcanzar esa meta. La decisión implica que haya acción. A veces, la acción requiere algo más que preguntar (expresar nuestro deseo), pero habitualmente requiere cierta planificación y ejecución. Por lo general, no obtendremos lo que queremos únicamente quedándonos de brazos cruzados y deseándolo.

8.º principio – La perseverancia

La *perseverancia* es luchar frente a la adversidad o el fracaso. Al igual que un trayecto en una montaña rusa, todos nosotros tenemos altibajos. Algunos días, volamos alto. Otros días, no tanto. Lo más fácil y lo que se hace más habitualmente cuando uno se enfrenta a una dificultad, a un contratiempo momentáneo o al rechazo es rendirse (aceptar la derrota, encender la televisión y ver nuestras series favoritas del tirón).

Quienes han tenido éxito no se rinden jamás. Cuando se topan con la adversidad o el fracaso, ellos se reagrupan, redoblan sus fuerzas y perseveran. Algunos negocios, incluso, tienen una cultura de la perseverancia que abraza el fracaso. Viven entregados a fracasar rápido y con frecuencia para aprender continuamente y mejorar sus productos y sus servicios.

Adopta el mismo enfoque en tu vida. Abraza la adversidad y el fracaso como oportunidades para el aprendizaje. Adapta tu plan en consonancia. Continúa luchando, manteniendo tu mente centrada en el premio.

Recuerda que la perseverancia es un estado mental que podemos cambiar. Para desarrollar la perseverancia, convierte los pasos siguientes en un hábito profundamente interiorizado:

1. Empieza con un propósito respaldado por un deseo ardiente para hacerlo realidad.
2. Crea un plan definido que exija una acción continua.
3. Cierra tu mente con firmeza a todas las influencias negativas o disuasorias (especialmente las que vengan de amigos, familiares y conocidos).
4. Forja alianzas amistosas con una o más personas que te animen y que te ayuden a llevar a cabo tu plan y tu propósito.

9.º principio – El poder de la mente impulsora

El *poder de la mente impulsora* es el poder creativo formado por el trabajo conjunto de la conciencia colectiva y de la mente subconsciente para alcanzar un objetivo común. Si has oído alguna vez la expresión «Dos cabezas piensan más que una», eso es un poco en lo que consiste el poder de la mente impulsora. Ahora añade la mente metafísica y la Inteligencia Infinita al grupo.

Cuando dos personas o más aúnan su talento, su conocimiento y su esfuerzo armoniosamente para alcanzar un propósito concreto, es casi como si una tercera mente entrara en la habitación; una con más sabiduría y experiencia que la de todos los miembros del grupo combinados. Prácticamente todo gran logro es el resultado de un equipo de individuos comprometidos que trabajan juntos, inspirados e impulsados por el poder de la mente impulsora.

Napoleon Hill define el poder como «un conocimiento organizado y dirigido con inteligencia». Para alcanzar cualquier objetivo que valga la pena, debemos tener poder suficiente para permitirnos transmutar el deseo a la forma que tiene en el mundo real. El conocimiento necesario proviene de tres fuentes: de la Inteligencia Infinita, de la experiencia acumulada y de la experimentación e investigación. La organización necesaria proviene de ti y de los otros miembros del grupo de tu mente impulsora.

10.º principio – El misterio de la transmutación

La *transmutación* se refiere al redireccionamiento de la energía emocional positiva para impulsar la imaginación, el coraje, la fuerza de voluntad, la perseverancia y la creatividad. Hill menciona los diez estímulos mentales más potentes, dos de los cuales son potencialmente peligrosos:

1. La pasión.
2. El amor.
3. Desear fama, poder o riqueza.
4. La música.

5. La amistad.

6. La mente impulsora (la colaboración).

7. El sufrimiento mutuo (como el experimentado cuando se oprime o se persigue a la gente).

8. La autosugestión.

9. El miedo.

10. Los narcóticos y el alcohol.

Aquí la cuestión es que las emociones intensas son lo suficientemente poderosas para influir en los resultados de la vida real (hacen que las cosas sucedan). La gente que consigue lo que desea obtener de la vida ha descubierto cómo emplear esas fuerzas poderosas impulsoras en su provecho. Por ejemplo, pese a que al miedo se lo suele ver como una desventaja porque puede hacer que uno tema correr riesgos, puede ser una fuerza poderosa para motivar el ponerse en acción e inspirar un pensamiento creativo. Actualmente estamos viendo cómo el miedo al calentamiento global y al cambio climático está impulsando innovaciones en lo tocante a la energía, los viajes, la agricultura, la industria y la conservación.

Pueden darse argumentos firmes contra la inclusión de los narcóticos y el alcohol en esta lista. Primero, no estimulan la mente; hacen todo lo contrario (son depresores). Segundo, son adictivos y dañinos cuando se abusa de ellos. Hill probablemente los incluyó porque afectan a la mente lógica y racional, para que así la mente subconsciente más innovadora pueda operar con mayor libertad. Él da ejemplos de diversos autores famosos que escribieron grandes obras bajo sus efectos. No obstante, tiene buen cuidado en señalar que «muchos de esos hombres se destruyeron a sí mismos durante el proceso». Harías bien tachando el número diez de la lista y quedándote con los nueve primeros.

Ciertas emociones evocan un *estado mental* que nos lleva a la unión con la Inteligencia Infinita (el poder que lo crea todo en el universo). Cada sentimiento posee una vibración, y para que tú estés en armonía con la Inteligencia Infinita, tu mente necesita que se la sintonice con la misma frecuencia que tiene lo que quieres recibir. Esto significa que si quieres que la Inteligencia Infinita te dé más dinero, empieza a sentirte más próspero ahora mismo. Recurre a emociones positivas y poderosas para hacer que tu mente oscile a una mayor frecuencia. Así estarás en posición de pedir y de recibir lo que realmente quieres.

Cuidado: las emociones negativas, tales como la cólera, la codicia y la envidia, pueden atraer resultados indeseados a tu vida. La cólera destruye la armonía necesaria para una colaboración exitosa. La codicia impulsa la adquisición de la riqueza, lo cual restringe el flujo de dinero y de energía. Y la envidia es una sensación de carencia que contradice el hecho de creer en la prosperidad.

11.° principio – La mente subconsciente

La *mente subconsciente* es el núcleo del poder vital de la actividad mental. Monitoriza y dirige cada función vital física que tiene lugar en tu cuerpo y en tu cerebro. Siempre manos a la obra, la mente subconsciente procesa la energía, la materia y el pensamiento, y lo transforma todo en un tejido vivo para mantener la vida. El subconsciente también es la parte de la mente que transmuta ideas, planes, sueños y deseos a su forma material.

Cuando visualizas la abundancia y sientes que eres próspero, tu subconsciente es la parte de tu mente que recurre al poder de la Inteligencia Infinita y manifiesta la abundancia en tu beneficio. Trabaja en concierto con la Inteligencia Infinita para hacer realidad cualquier plan o pensamiento implantado en él.

Tú puedes emplear tu mente consciente para implantar pensamientos y planes en tu mente subconsciente mediante la práctica de la autosugestión. El subconsciente actúa primero sobre deseos dominantes cargados con una emoción fuerte.

12.º principio – El cerebro

Napoleon Hill compara el *cerebro* a una radio y lo describe como una «estación de transmisión y recepción para el pensamiento». Al igual que una radio, tu cerebro opera en unas frecuencias específicas. Esas frecuencias son las emociones (amor, odio, confianza, miedo, esperanza, desesperación y muchas más). Los pensamientos sólo puede uno comunicarlos cuando el transmisor y el receptor están sintonizados en la misma frecuencia. Si deseas obtener riqueza, debes adoptar una mentalidad enmarcada en la abundancia y la prosperidad. Si estás buscando una relación afectuosa, tu cerebro tiene que estar en sintonía con una buena voluntad para con los demás.

Sea cual sea tu deseo, tus emociones deben estar sintonizadas con esa frecuencia. Si tu cerebro está sintonizado con la frecuencia del desconsuelo, entonces atraerás el desconsuelo. Si tu cerebro está sintonizado con la cólera, atraerá eso mismo a tu vida. Pero cuando sintonizas tu cerebro en la frecuencia del amor, de un propósito y de la prosperidad, entonces manifestarás esas cosas de forma natural.

Cuando estimulamos nuestra mente, habitualmente mezclando pensamientos con emociones, la sintonizamos con unas frecuencias más altas, mejorando así nuestra habilidad para sembrar pensamientos en nuestra mente subconsciente, para obtener inspiración de la Inteligencia Infinita y para comunicamos implícitamente con otras personas. Cuando lanzamos un pensamiento, se esparce en todas direcciones y se establece permanentemente en nuestra mente subconsciente por sí mismo.

13.° principio – El sexto sentido

En el *sexto sentido* es donde culmina toda la filosofía de *Piense y hágase rico*. Alcanzar una comprensión total de los otros doce principios te prepara para recibir la guía y la asistencia de una fuente infalible de creatividad (principalmente, de la Inteligencia Infinita). Cuando recibes la guía de esta fuente, desarrollas un sexto sentido que te orienta, con una precisión infalible, para que des los pasos necesarios para manifestar tus deseos.

Napoleon Hill introduce la idea de un «secreto» en *Piense y hágase rico* que, una vez descubierta y aplicada, literalmente arrasa entre los seguidores de este sistema que conduce al éxito. Si sigues las orientaciones de Hill y las practicas a diario, con el tiempo desarrollarás un sexto sentido y desbloquearás el secreto de la salud, la riqueza, la felicidad y la satisfacción personal. Este diario guiado te orientará a lo largo de ese camino y te planteará del desafío de hacerte responsable de poner en práctica los trece principios a medida que te mueves hacia la obtención de todo lo que quieres de la vida.

Los seis (más o menos) pasos para hacerte con todo lo que quieres obtener de la vida

Aunque los trece principios preparen el escenario para lograr todo lo que quieres obtener de la vida, no son exactamente lo que diríamos pasos prácticos que puedas dar para hacer realidad tus deseos. Así que Hill presenta los seis pasos siguientes para hacerse rico:

1. **Fija en tu mente la suma *exacta* de dinero que deseas obtener.** No basta con limitarse a decir, «Quiero mucho dinero». Sé claro y específico respecto a la cantidad.

2. **Concreta qué te propones dar o sacrificar por el dinero que deseas.** ¿Estás dispuesto a pedir ayuda a otras personas, tomar prestado dinero, mudarte, sacrificar parte de tu tiempo libre cada semana, inventar un producto nuevo o brindar un servicio valioso? Obtener lo que quieres no requiere necesariamente un gran esfuerzo ni un sacrificio personal, pero nada en la vida es gratuito. ¿Qué precio pagarás para obtener lo que quieres? (Nota: Algunas personas malinterpretan este paso, como que necesitas

donar ciertas sumas a la beneficencia a cambio de resultados. Pero lo que este paso implica verdaderamente es decidir qué estás dispuesto a hacer o a qué renunciarás a fin de obtener lo que quieres).

3. **Marca la fecha en la que pretendes poseer el dinero que deseas.** Una meta sin una fecha límite tan sólo es un deseo.

4. **Crea un plan concreto para llevar a cabo tu deseo, y empieza a poner este plan en marcha de inmediato, tanto si estás listo como si no.** Este paso implica los principios de la planificación y de la decisión. No esperes a que se presenten unas condiciones ideales, porque podrías quedarte esperando para siempre. Empieza de inmediato con los recursos que tengas para poner tu plan en acción.

5. **Escribe una declaración clara y concisa respecto a la cantidad de dinero que te propones adquirir, el tiempo límite para su adquisición, qué te propones ofrecer a cambio del dinero y el plan a través del cual te propones amasarlo.** En este paso, estás construyendo la aseveración que repetirás dos veces al día (en el paso siguiente) para implantar tu deseo y tu convicción en tu mente subconsciente.

6. **Lee tu aseveración en voz alta dos veces al día (una vez antes de irte a la cama por la noche y una vez tras levantarte por la mañana).** A medida que la leas, visualiza, siente y créete que el dinero ya está en tu poder. Aquí el objetivo es crear una imagen en tu mente que te parezca tan real como la que tendrás cuando tengas el dinero. A

medida que te lo imagines, implica los cinco sentidos (la vista, el oído, el olfato, el gusto y el tacto). Cualquier cosa que puedas imaginar y transferir a tu subconsciente, dicho subconsciente encontrará una forma de hacerlo realidad.

Pese a que estos pasos se centran exclusivamente en la prosperidad financiera, puedes adaptarlos para enriquecer cualquier aspecto de tu vida (la salud y estar en forma, las relaciones –tanto con la familia como con los amigos–, la carrera/los negocios, tu entorno físico –donde pasas tu tiempo–, el tiempo de ocio, la satisfacción personal, y la lista sigue y sigue).

Para facilitar su uso cotidiano, este diario amplía los seis pasos a diez. En conjunto, forman el marco que te guiará a lo largo de en las páginas siguientes:

1. Imagínate exactamente lo que quieres.
2. Decide qué pretendes dar o hacer para conseguirlo.
3. Fija la fecha en la que obtendrás lo que quieres.
4. Piensa en un plan para hacerlo realidad.
5. Escribe una declaración clara sobre qué es lo que quieres, cuándo lo obtendrás, qué estás dispuesto a hacer para a obtenerlo y un resumen de tu plan para hacerlo realidad.
6. Lee tu declaración en voz alta dos veces al día (una vez por la noche y una vez por la mañana).
7. Empieza a implementar tu plan.
8. Anota los contratiempos o desafíos que hayas tenido y qué has aprendido de ellos.
9. Revisa tu plan como corresponde.
10. Repite los pasos del 6 al 9 hasta que hayas cumplido tu objetivo.

Estos diez pasos te conducirán hacia el éxito siempre y cuando no pares hasta que hayas obtenido lo que quieres. Ahora mismo, créate un compromiso firme para triunfar; no rendirte nunca. Recuerda la cita: «Tanto si piensas que puedes como si piensas que no puedes, estás en lo cierto».[1]

<hr>

1. Cita de Henry Ford (1863-1947), un empresario estadounidense fundador de la compañía Ford Motor Company, que en la época destacó tanto por su faceta emprendedora como por su faceta antisemita.

Empieza tu viaje

Tú eres el autor de tu vida y, en buena parte, el autor de este libro. Llevas encerrados en tu interior los secretos para alcanzar la salud, la riqueza, la felicidad y la satisfacción personal. Esta sección del libro te entrega las llaves para liberar esos secretos planteando preguntas que te guiarán a través del proceso de autoconocimiento y autoempoderamiento. A medida que respondas las preguntas siguientes, descubrirás más sobre ti mismo y desarrollarás habilidades, y aprenderás técnicas para obtener lo que quieres. Al mismo tiempo, irás anotando tu viaje, de modo que más adelante podrás mirar atrás para ver lo lejos que has llegado desde el día que empezaste a tomar el control de tu vida.

Pensar, vivir y hacerse rico consiste propiamente en vivir con una intencionalidad, lo cual empieza conociendo quién eres y qué es lo que quieres. La mayoría de la gente sólo tiene una sensación vaga acerca de quién es y cuál es su propósito en la vida. No saben lo que quieren, así que llevan una existencia pasiva. Como resultado, son víctimas de sus circunstancias y a menudo se sienten como si otra gente los estuviera utilizando.

En el otro extremo de ese espectro está la gente que parece haber nacido sabiendo exactamente qué es lo que quiere y que están centrados en obtenerlo. Generalmente son los que tienen más éxito.

Ellos eligen el destino, trazan su rumbo y llegan allí adonde van una vez tras otra. Esa gente no es víctima de las circunstancias. Al contrario: *crean* sus circunstancias.

En esta sección del libro, empiezas tu viaje descubriendo tu propósito en la vida e identificando qué es lo que realmente quieres (salud, riqueza, aventura, relaciones gratificantes, cualquier cosa que desees). A continuación te involucras en el proceso de marcarte objetivos para un año, tres años y cinco años, los cuales servirán como marcadores de hitos durante tu viaje. En cuanto tengas estos puntos de la perspectiva global en su sitio, estarás preparado para empezar a perseguir deseos específicos, que es lo que harás en la sección «Obtener lo que quieres». Es aquí donde encontrarás las preguntas que te guiarán a lo largo de la fórmula de Napoleon Hill para ir pensando, ir viviendo e ir haciéndose rico.

Si eres una de esas personas que ya tiene una visión clara como el agua de qué quiere en la vida, eres libre de saltarte «Obtener lo que quieres». Si no tienes claro qué quieres, antes de nada aborda las tres secciones siguientes: «Averiguar tu propósito», «Descubriendo qué es lo que quieres», y «Marcándote tus metas a largo plazo».

Averiguar tu propósito

Cuando tienes un propósito, tienes un enfoque concreto y la vida tiene sentido. Cualquier sensación desagradable se disipa, porque estás demasiado ocupado haciendo realidad dicho propósito como para que cualquier cosa negativa te afecte. No obstante, descubrir (o, para ser más precisos, definir) tu propósito en la vida puede suponer un gran desafío; especialmente si esperas que alguien lo haga por ti. Buscar tu propósito fuera de ti mismo es un gran error. Dejar que otra persona decida tu propósito puede ser un error aún mayor, y eso algo demasiado habitual.

Tu propósito reside en tu interior. Para descubrir o definir tu propósito en la vida, responde las preguntas siguientes:

¿Qué tres cosas se te dan bien?

____

____

____

¿Qué tres cosas te encanta hacer?

____

____

____

¿Qué revoluciona tu motor interno? ¿Qué hace que te emociones a más no poder?

____

____

____

____

¿Qué harías si supieras que no podrías fracasar?

____

____

____

____

¿Qué es lo que conoces más a fondo?

____

____

____

____

¿Qué te gustaría conocer a fondo?

____

____

____

____

¿Quiénes son las tres personas a quien más admiras? (Y, de cada una, explica brevemente el porqué).

____

____

____

Si pudieras solucionar cualquier problema en el mundo, ¿cuál sería?

____

____

____

____

¿Qué te gustaría ser, o hacer, o tener con tanta fuerza que estarías dispuesto a hacer un gran sacrificio para conseguirlo?

____

____

____

¿A quién deseas ayudar más que nada? (Puede ser cualquier ser vivo o grupo).

____

____

____

____

Revisa las respuestas dadas a las preguntas anteriores en busca de patrones o áreas que se solapen. Por lo general, encontrarás tu propósito en la intersección de qué se te da bien y qué te apasiona. Anota tus observaciones. ¿Cuál es tu propósito en la vida?

____

____

____

____

Descubriendo qué es lo que quieres

Obtener lo que deseas empieza por conocer qué es lo que quieres. Desafortunadamente, saber qué es lo que queremos no siempre es fácil. Nuestros deseos a menudo se ven influidos intensamente por otra gente, por cómo se nos ha educado, por los medios de comunicación y por nuestra cultura. A menudo no es lo que queremos, sino lo que se nos ha condicionado a creer que *deberíamos* desear, o simplemente hacemos lo que creemos que se espera de nosotros. Por ejemplo: conseguir un trabajo, casarse, comprar una casa, tener hijos. Ésta es una razón por la que la gente a menudo se desilusiona y se desanima incluso cuando ellos «tienen todo lo que han querido jamás». Lo cierto es que lo que han obtenido nunca ha sido lo que deseaban en realidad.

Ahora se están enfrentando a la dolorosa realidad, y vaya si duele. Son víctimas del *deseo mimético:* el error habitual de modelar sus deseos basándose en los deseos de otras personas.

Para liberar tu mente de las limitaciones del deseo mimético y descubrir qué es lo que *tú* deseas realmente, responde a las preguntas y a las entradas siguientes:

¿A quién envidias y por qué? ¿Qué tiene esa persona que tú quieres? (La envidia no es necesariamente mala –puede revelar deseos reprimidos–).

____

____

¿Qué te molesta de veras? ¿Qué te causa dolor físico, emocional o psicológico, o incomodidad? (El dolor, el malestar y la decepción pueden ser semillas del deseo).

____

____

Si pudieras vivir en cualquier parte del mundo, ¿dónde sería?

____

____

¿Cuál es el trabajo o la carrera de tus sueños?

____

____

Describe a tu alma gemela.

____

____

____

____

Describe el hogar en el que te gustaría vivir.

¿Con cuánto dinero te sentirías una persona adinerada?

¿Tienes problemas financieros? Si es así, descríbelos. ¿Qué recursos necesitarías para resolver esos problemas?

Si tuvieras el dinero, ¿qué tres cosas te comprarías primero?

¿Tienes alguna enfermedad u otros problemas de salud que te gustaría quitarte de encima?

Enumera tus tres metas principales para estar en forma:

Nombra a tres personas que te gustaría tener como amigos:

Menciona tres cosas que te gustaría ser capaz de hacer o que querrías hacer mejor:

____

____

____

Si tuvieras dinero y tiempo libre ilimitados, ¿qué te gustaría hacer?

____

____

¿Qué te gustaría mejorar de ti mismo?

____

____

____

____

¿Qué haría que tu vida familiar fuera más divertida y satisfactoria?

____

____

Piensa en una persona querida que esté sufriendo o que esté en apuros en este momento. ¿Quién es y qué te gustaría poder hacer para ayudar?

____

____

¿Por qué te gustaría que te admiraran?

____

____

¿Qué te gustaría que dijeran los demás de ti?

Menciona tres grupos, clubes o comunidades a las que te gustaría pertenecer:

Piensa en la comunidad a la que perteneces. ¿Qué haría que te sintieras más unido a los miembros de esa comunidad?

¿Deseas tener una vida espiritual más profunda? Si es así, ¿qué te aportaría una mayor plenitud espiritual?

Describe los deseos que tuvieras en el pasado que tú mismo calificabas como inalcanzables.

¿Quién y qué te haría sentir especial?

Describe algo que quieras hacer que has estado posponiendo desde siempre.

____

____

Fantasea sobre la vida que te gustaría tener y descríbela aquí.

____

____

____

____

Menciona un mal hábito que te gustaría dejar.

____

Marcándote tus metas a largo plazo

Uno de los métodos más efectivos para obtener lo que quieres es marcarte una meta, desglosarla en objetivos o hitos y averiguar con exactitud qué necesitas hacer para alcanzarla. Esto te permite adoptar un enfoque gradual para alcanzar una meta, para que así no resulte tan abrumador. Hay gente que, para objetivos verdaderamente grandes, crea un plan a un año, a tres años y a cinco años vista; o bien un plan a un año, a cinco años y a diez años vista. Los períodos de tiempo pueden variar. Lo que importa es que te marques una meta, que la desgloses en objetivos graduales ligados a unas fechas límite específicas y que crees una lista con lo que vas a hacer para conseguirlo.

Adopta el mismo enfoque para cualquier meta a largo plazo. Empieza enunciando tus metas a largo plazo. Imagina la vida que quieres tener al cabo de un año, tres años, y cinco años a partir de ahora y márcate metas para los siete aspectos claves de tu vida:

La carrera o el negocio

____

____

____

Las finanzas

____

____

____

La salud y estar en forma

____

____

____

Las relaciones

____

____

____

La forma de vivir (ubicación, casa/apartamento, compañeros de piso)

____

____

____

El ocio (diversión, aficiones, viajar)

____

____

____

El desarrollo personal (educación, instrucción, autoayuda, mentorización)

____

____

____

Tres años
La carrera o el negocio

____

____

____

Las finanzas

____

____

____

La salud y estar en forma

____

____

____

Las relaciones

____

____

____

La forma de vivir (ubicación, casa/apartamento, compañeros)

____

____

____

El ocio (diversión, aficiones, viajar)

____

____

____

El desarrollo personal (educación, instrucción, autoayuda, mentorización)

____

____

____

Cinco años
La carrera o el negocio

____

____

____

Las finanzas

____

____

____

La salud y estar en forma

____

____

____

Las relaciones

____

____

____

La forma de vivir (ubicación, casa/apartamento, compañeros de piso)

____

____

____

El ocio (diversión, aficiones, viajar)

____

____

____

El desarrollo personal (educación, instrucción, autoayuda, mentorización)

____

____

____

Ahora que tienes unas cuantas metas a largo plazo, puedes emplear el formulario siguiente para diseñar tu plan para alcanzar todas y cada una de las metas (emplea un formulario distinto para cada meta):

Meta:

____

Fecha en la que alcanzarás tu meta: _______ /_______ /_______

Objetivos/hitos:

_________________________ el _______ /_______ /_______
_________________________ el _______ /_______ /_______
_________________________ el _______ /_______ /_______
_________________________ el _______ /_______ /_______
_________________________ el _______ /_______ /_______
_________________________ el _______ /_______ /_______

¿Qué harás para alcanzar los objetivos/hitos mencionados?

____
____
____
____
____
____

Obtener lo que quieres

Empecemos a poner a trabajar la poderosa fórmula de Napoleon Hill en tu beneficio. Cada despliegue de cinco páginas te orientará a través del proceso de obtener una cosa que desees (cualquiera, desde dinero o alguna otra posesión mundana hasta un trabajo gratificante, mejores relaciones y una mejora en tu salud y un mejor estado de forma).

Empieza por mencionar qué es lo que quieres y anotando la fecha correspondiente. Luego, sigue las entradas, las cuales te orientarán paso a paso a lo largo del proceso.

Las entradas te animarán a visualizar claramente qué es lo que quieres, a establecer un rumbo para obtenerlo, a asimilar lo que aprendes a lo largo del camino y a superar cualquier obstáculo o contratiempo que te encuentres. La mayoría de las entradas aportan enseñanzas y requieren una respuesta por escrito, pero otras te permiten dibujar o pegar fotografías.

En parte un diario, en parte un libro de ejercicios, esta sección ofrece espacio para anotar las veinticinco cosas que más deseas en la vida y tu viaje para obtener o alcanzar todas y cada una de ellas. A lo largo del camino, encontrarás incentivos consistentes en afirmaciones inspiradas en la clásica guía *Piense y hágase rico* de Napoleon Hill.

Páginas de seguimiento de tus metas

Lo que quiero

____

Fecha

______ / ______ / ______

Describe lo que quieres exactamente con palabras o dibujos.

Lo único que controlas por completo es en qué piensas.

¿Qué estás dispuesto a hacer o a sacrificar a fin de alcanzar tu objetivo?

____

____

____

¿Cuándo lo obtendrás?
Especifica una fecha: ______ / ______ / ______

¿Qué plan tienes para hacerlo realidad?

____

____

____

Supera a tus flaquezas con las fortalezas de otros.

Gente que puede ayudarme:

____

____

____

Cosas que necesitaré:

____

____

____

Pasos que voy a dar:

____

____

____

____

____

Desear algo no hará que consigas lo que quieres, pero un deseo intenso apoyado por un plan y la perseverancia sí que lo hará.

Completa la declaración siguiente para construir tu aseveración diaria:

Quiero _____________ y haré _____________ para hacerlo realidad.

Lo habré logrado hacia esta fecha: _____ / _____ / _____ siguiendo la estrategia siguiente:

____

____

____

____

Lee tu aseveración en voz alta dos veces al día (una vez por la noche y una vez por la mañana) al tiempo que compones en tu mente una imagen clara como el agua de cómo será todo cuando tengas lo que quieres.

¿Qué has hecho hasta ahora para obtener lo que deseas?

____

____

____

____

____

¿Con qué contratiempos o desafíos te has encontrado? ¿Qué has aprendido de ellos?

____

____

____

____

____

Decide con rapidez y cambia de idea con lentitud.

¿Cómo puedes mejorar tu plan?

____

____

____

____

____

____

____

SEGUIMIENTO DE LOS PROGRESOS
PARA TU META N.º 1

Lo que quiero

____

Fecha

_____ / _____ / _____

Describe lo que quieres exactamente con palabras o dibujos.

Tanto la prosperidad como la pobreza son fruto del pensamiento.

¿Qué estás dispuesto a hacer o a sacrificar a fin de alcanzar tu objetivo?

____

____

____

¿Cuándo lo obtendrás?
Especifica una fecha: _____ / _____ / _____

¿Qué plan tienes para hacerlo realidad?

____

____

____

La mente humana es poderosa y grandiosa. Construye y destruye.

Gente que puede ayudarme:

____

____

____

Cosas que necesitaré:

____

____

____

Pasos que voy a dar:

____

____

____

____

____

*Lo único que a todo el mundo le sobra
son las críticas.*

Completa la declaración siguiente para construir tu aseveración diaria:

Quiero _____________ y haré _______________ para hacerlo realidad.

Lo habré logrado hacia esta fecha: _____ / _____ / _____ siguiendo la estrategia siguiente:

____

____

____

____

Lee tu aseveración en voz alta dos veces al día (una vez por la noche y una vez por la mañana) al tiempo que compones en tu mente una imagen clara como el agua de cómo será todo cuando tengas lo que quieres.

Cualquier cosa que puedas imaginar, podrás crearla.

¿Qué has hecho hasta ahora para obtener lo que deseas?

____

____

____

____

____

¿Con qué contratiempos o desafíos te has encontrado? ¿Qué has aprendido de ellos?

____

____

____

____

____

Piensa por ti mismo, no te dejes influir por opiniones ajenas.

¿Cómo puedes mejorar tu plan?

____

____

____

____

____

____

SEGUIMIENTO DE LOS PROGRESOS
PARA TU META N.º 2

Lo que quiero

Fecha

______ / ______ / ______

Describe lo que quieres exactamente con palabras o dibujos.

No puedes obtener algo a cambio de nada.

¿Qué estás dispuesto a hacer o a sacrificar a fin de alcanzar tu objetivo?

¿Cuándo lo obtendrás?
Especifica una fecha: ______ / ______ / ______

¿Qué plan tienes para hacerlo realidad?

Una persona ocupada raramente tiene tiempo
de preocuparse por el fracaso.

Gente que puede ayudarme:

____

____

____

Cosas que necesitaré:

____

____

____

Pasos que voy a dar:

____

____

____

____

____

La confianza es un estado mental
que se puede inducir mediante la autoafirmación.

Completa la declaración siguiente para construir tu aseveración diaria:

Quiero _____________ y haré _______________ para hacerlo realidad.

Lo habré logrado hacia esta fecha: _____/_____/_____ siguiendo la estrategia siguiente:

____

____

____

____

Lee tu aseveración en voz alta dos veces al día (una vez por la noche y una vez por la mañana) al tiempo que compones en tu mente una imagen clara como el agua de cómo será todo cuando tengas lo que quieres.

Las ideas son las semillas de las riquezas.

¿Qué has hecho hasta ahora para obtener lo que deseas?

____

____

____

____

____

¿Con qué contratiempos o desafíos te has encontrado? ¿Qué has aprendido de ellos?

____

____

____

____

____

Para ser más decisivo, mantén los ojos y los oídos
bien abiertos y la boca cerrada.

¿Cómo puedes mejorar tu plan?

____

____

____

____

____

____

SEGUIMIENTO DE LOS PROGRESOS
PARA TU META N.º 3

Lo que quiero

____

Fecha

______ / ______ / ______

Describe lo que quieres exactamente con palabras o dibujos.

*Se ha extraído más oro del cerebro del ser humano
del que jamás se ha extraído de la tierra.*

¿Qué estás dispuesto a hacer o a sacrificar a fin de alcanzar tu objetivo?

____

____

____

¿Cuándo lo obtendrás?
Especifica una fecha: ______ / ______ / ______

¿Qué plan tienes para hacerlo realidad?

____

____

____

Una mente agitada por la indecisión es impotente.

Gente que puede ayudarme:

____

____

____

Cosas que necesitaré:

____

____

____

Pasos que voy a dar:

____

____

____

____

____

La certeza es el único antídoto del fracaso.

Completa la declaración siguiente para construir tu aseveración diaria:

Quiero ____________ y haré ____________ para hacerlo realidad.

Lo habré logrado hacia esta fecha: ____ / ____ / ____ siguiendo la estrategia siguiente:

____

____

____

____

Lee tu aseveración en voz alta dos veces al día (una vez por la noche y una vez por la mañana) al tiempo que compones en tu mente una imagen clara como el agua de cómo será todo cuando tengas lo que quieres.

*Las ideas son fuerzas intangibles que tienen
más poder que el cerebro que las concibe.*

¿Qué has hecho hasta ahora para obtener lo que deseas?

____

____

____

____

____

¿Con qué contratiempos o desafíos te has encontrado? ¿Qué has aprendido de ellos?

____

____

____

____

____

Quienes hablan demasiado, poca cosa hacen.

¿Cómo puedes mejorar tu plan?

____

____

____

____

____

____

SEGUIMIENTO DE LOS PROGRESOS
PARA TU META N.º 4

Lo que quiero

Fecha

______ / ______ / ______

Describe lo que quieres exactamente con palabras o dibujos.

Todo lo que necesitas para alcanzar el éxito es una buena idea.

¿Qué estás dispuesto a hacer o a sacrificar a fin de alcanzar tu objetivo?

____

____

____

¿Cuándo lo obtendrás?
Especifica una fecha: ______ / ______ / ______

¿Qué plan tienes para hacerlo realidad?

____

____

____

Define tu destino, o lo definirán los demás.

Gente que puede ayudarme:

____

____

____

Cosas que necesitaré:

____

____

____

Pasos que voy a dar:

____

____

____

____

____

Nos creemos todo lo que nos decimos repetidamente a nosotros mismos, tanto si es verdad como si es mentira.

Completa la declaración siguiente para construir tu aseveración diaria:

Quiero _____________ y haré _______________ para hacerlo realidad.

Lo habré logrado hacia esta fecha: _____ / _____ / _____ siguiendo la estrategia siguiente:

____

____

____

____

____

Lee tu aseveración en voz alta dos veces al día (una vez por la noche y una vez por la mañana) al tiempo que compones en tu mente una imagen clara como el agua de cómo será todo cuando tengas lo que quieres.

*Un impulso emocional poderoso origina
el coraje sobrehumano y la creatividad.*

¿Qué has hecho hasta ahora para obtener lo que deseas?

____

____

____

____

____

¿Con qué contratiempos o desafíos te has encontrado? ¿Qué has aprendido de ellos?

____

____

____

____

____

A menudo, el éxito está un solo paso más allá de la derrota.

¿Cómo puedes mejorar tu plan?

____

____

____

____

____

____

SEGUIMIENTO DE LOS PROGRESOS
PARA TU META N.º 5

Lo que quiero

____

Fecha

_______ / _______ / _______

Describe lo que quieres exactamente con palabras o dibujos.

Las riquezas empiezan con un estado mental,
un propósito claro y un trabajo poco o nada duro.

¿Qué estás dispuesto a hacer o a sacrificar a fin de alcanzar tu objetivo?

____

____

____

¿Cuándo lo obtendrás?
Especifica una fecha: _______ / _______ / _______

¿Qué plan tienes para hacerlo realidad?

____

____

____

Imagina tener lo que quieres con la certeza de que tu mente
subconsciente te ofrecerá un plan para obtenerlo.

Gente que puede ayudarme:

____

____

____

Cosas que necesitaré:

____

____

____

Pasos que voy a dar:

____

____

____

____

____

Completa la declaración siguiente para construir tu aseveración diaria:

Quiero _____________ y haré _______________ para hacerlo realidad.

Lo habré logrado hacia esta fecha: _____ / _____ / _____ siguiendo la estrategia siguiente:

____

____

____

____

Lee tu aseveración en voz alta dos veces al día (una vez por la noche y una vez por la mañana) al tiempo que compones en tu mente una imagen clara como el agua de cómo será todo cuando tengas lo que quieres.

¿Qué has hecho hasta ahora para obtener lo que deseas?

____

____

____

____

¿Con qué contratiempos o desafíos te has encontrado? ¿Qué has aprendido de ellos?

____

____

____

____

¿Cómo puedes mejorar tu plan?

____

____

____

____

____

____

SEGUIMIENTO DE LOS PROGRESOS
PARA TU META N.º 6

Lo que quiero

____

Fecha

_______ / _______ / _______

Describe lo que quieres exactamente con palabras o dibujos.

El éxito llega para aquellos que poseen la conciencia del éxito.

¿Qué estás dispuesto a hacer o a sacrificar a fin de alcanzar tu objetivo?

____

____

____

¿Cuándo lo obtendrás?
Especifica una fecha: _______ / _______ / _______

¿Qué plan tienes para hacerlo realidad?

____

____

____

No confíes únicamente en la razón para ejecutar tu plan; en lugar de eso, confía en tu mente subconsciente, mil veces más creativa.

Gente que puede ayudarme:

____

____

____

Cosas que necesitaré:

____

____

____

Pasos que voy a dar:

____

____

____

____

____

Tus pensamientos dominantes se convertirán en tu realidad.

Completa la declaración siguiente para construir tu aseveración diaria:

Quiero ______________ y haré ______________ para hacerlo realidad.

Lo habré logrado hacia esta fecha: _____ /_____ /_____ siguiendo la estrategia siguiente:

____

____

____

____

____

Lee tu aseveración en voz alta dos veces al día (una vez por la noche y una vez por la mañana) al tiempo que compones en tu mente una imagen clara como el agua de cómo será todo cuando tengas lo que quieres.

¿Qué has hecho hasta ahora para obtener lo que deseas?

____

____

____

____

____

¿Con qué contratiempos o desafíos te has encontrado? ¿Qué has aprendido de ellos?

____

____

____

____

____

¿Cómo puedes mejorar tu plan?

____

____

____

____

____

Lo que quiero

____

Fecha

_______ / _______ / _______

Describe lo que quieres exactamente con palabras o dibujos.

Quienes dominan sus pensamientos, dominan su destino.

¿Qué estás dispuesto a hacer o a sacrificar a fin de alcanzar tu objetivo?

____

____

____

¿Cuándo lo obtendrás?
Especifica una fecha: _______ / _______ / _______

¿Qué plan tienes para hacerlo realidad?

____

____

____

Un gran plan garantiza el éxito.

Gente que puede ayudarme:

____

____

Cosas que necesitaré:

____

____

____

Pasos que voy a dar:

____

____

____

____

____

La confianza en uno mismo elimina las limitaciones.

Completa la declaración siguiente para construir tu aseveración diaria:

Quiero ____________ y haré ____________ para hacerlo realidad.

Lo habré logrado hacia esta fecha: ____ / ____ / ____ siguiendo la estrategia siguiente:

____

____

____

____

____

Lee tu aseveración en voz alta dos veces al día (una vez por la noche y una vez por la mañana) al tiempo que compones en tu mente una imagen clara como el agua de cómo será todo cuando tengas lo que quieres.

El genio es el fruto de una mente extremadamente estimulada dirigida hacia una meta clara.

¿Qué has hecho hasta ahora para obtener lo que deseas?

____

____

____

____

____

¿Con qué contratiempos o desafíos te has encontrado? ¿Qué has aprendido de ellos?

____

____

____

____

____

El mundo se aparta para abrirle paso a los audaces.

¿Cómo puedes mejorar tu plan?

____

____

____

____

____

____

Lo que quiero

____

Fecha

______ / ______ / ______

Describe lo que quieres exactamente con palabras o dibujos.

Perseguir la prosperidad no requiere más esfuerzo
que vivir en la pobreza.

¿Qué estás dispuesto a hacer o a sacrificar a fin de alcanzar tu objetivo?

____

____

____

¿Cuándo lo obtendrás?
Especifica una fecha: ______ / ______ / ______

¿Qué plan tienes para hacerlo realidad?

____

____

____

Un logro no puede ser más grande que la solidez de un plan.

Gente que puede ayudarme:

____

____

____

Cosas que necesitaré:

____

____

____

Pasos que voy a dar:

____

____

____

____

____

La certeza es la luz que elimina la oscuridad de la duda.

Completa la declaración siguiente para construir tu aseveración diaria:

Quiero _____________ y haré _________________ para hacerlo realidad.
Lo habré logrado hacia esta fecha: _____ / _____ / _____ siguiendo la estrategia siguiente:

____

____

____

____

____

____

Lee tu aseveración en voz alta dos veces al día (una vez por la noche y una vez por la mañana) al tiempo que compones en tu mente una imagen clara como el agua de cómo será todo cuando tengas lo que quieres.

*Tu subconsciente conecta tu mente limitada
con la Inteligencia Infinita.*

¿Qué has hecho hasta ahora para obtener lo que deseas?

____

____

____

____

¿Con qué contratiempos o desafíos te has encontrado? ¿Qué has aprendido de ellos?

____

____

____

____

La prosperidad sólo es para quienes la esperan y la planifican.

¿Cómo puedes mejorar tu plan?

____

____

____

____

____

Lo que quiero

____

Fecha

______ / ______ / ______

Describe lo que quieres exactamente con palabras o dibujos.

Las únicas limitaciones que tenemos son las que aceptamos.

¿Qué estás dispuesto a hacer o a sacrificar a fin de alcanzar tu objetivo?

____

____

____

¿Cuándo lo obtendrás?
Especifica una fecha: ______ / ______ / ______

¿Qué plan tienes para hacerlo realidad?

____

____

____

La derrota sólo es una señal
de que algo no funciona en tu plan.

Gente que puede ayudarme:

____

____

____

Cosas que necesitaré:

____

____

____

Pasos que voy a dar:

____

____

____

____

____

No permitas que tus circunstancias te dominen.
Crea tus propias circunstancias.

Completa la declaración siguiente para construir tu aseveración diaria:

Quiero _______________ y haré _______________ para hacerlo realidad.

Lo habré logrado hacia esta fecha: _____ / _____ / _____ siguiendo la estrategia siguiente:

____

____

____

____

Lee tu aseveración en voz alta dos veces al día (una vez por la noche y una vez por la mañana) al tiempo que compones en tu mente una imagen clara como el agua de cómo será todo cuando tengas lo que quieres.

Cualquier pensamiento que siembres en tu mente subconsciente se llevará a cabo.

¿Qué has hecho hasta ahora para obtener lo que deseas?

____

____

____

____

____

¿Con qué contratiempos o desafíos te has encontrado? ¿Qué has aprendido de ellos?

____

____

____

____

____

La perseverancia es un estado mental que se puede cultivar.

¿Cómo puedes mejorar tu plan?

____

____

____

____

____

____

SEGUIMIENTO DE LOS PROGRESOS
PARA TU META N.º 10

Lo que quiero

____

Fecha

_______ / _______ / _______

Describe lo que quieres exactamente con palabras o dibujos.

La falta de ambición es la única debilidad que no tiene cura.

¿Qué estás dispuesto a hacer o a sacrificar a fin de alcanzar tu objetivo?

____

____

____

¿Cuándo lo obtendrás?
Especifica una fecha: _______ / _______ / _______

¿Qué plan tienes para hacerlo realidad?

____

____

____

La pobreza no requiere ningún plan.
La prosperidad exige uno.

Gente que puede ayudarme:

____

____

____

Cosas que necesitaré:

____

____

____

Pasos que voy a dar:

____

____

____

____

____

La autosugestión transfiere el pensamiento al subconsciente,
el cual empieza a hacerlo realidad inmediatamente.

Completa la declaración siguiente para construir tu aseveración diaria:

Quiero _____________ y haré _____________ para hacerlo realidad.

Lo habré logrado hacia esta fecha: _____ / _____ / _____ siguiendo la estrategia siguiente:

____

____

____

____

Lee tu aseveración en voz alta dos veces al día (una vez por la noche y una vez por la mañana) al tiempo que compones en tu mente una imagen clara como el agua de cómo será todo cuando tengas lo que quieres.

¿Qué has hecho hasta ahora para obtener lo que deseas?

____

____

____

____

____

¿Con qué contratiempos o desafíos te has encontrado? ¿Qué has aprendido de ellos?

____

____

____

____

____

¿Cómo puedes mejorar tu plan?

____

____

____

____

____

Lo que quiero

____

Fecha

______ /______ /______

Describe lo que quieres exactamente con palabras o dibujos.

Hacer algo bien nunca es una carga.

¿Qué estás dispuesto a hacer o a sacrificar a fin de alcanzar tu objetivo?

____

____

____

¿Cuándo lo obtendrás?
Especifica una fecha: ______ /______ /______

¿Qué plan tienes para hacerlo realidad?

____

____

____

No esperes a empezar a construir tu fortuna.
Empieza con lo que ya tienes.

Gente que puede ayudarme:

____

____

____

Cosas que necesitaré:

____

____

____

Pasos que voy a dar:

____

____

____

____

____

Mediante la autosugestión, empleas tu mente consciente para cambiar tus creencias subconscientes.

Completa la declaración siguiente para construir tu aseveración diaria:

Quiero ______________ y haré ______________ para hacerlo realidad.

Lo habré logrado hacia esta fecha: _____ / _____ / _____ siguiendo la estrategia siguiente:

____

____

____

____

Lee tu aseveración en voz alta dos veces al día (una vez por la noche y una vez por la mañana) al tiempo que compones en tu mente una imagen clara como el agua de cómo será todo cuando tengas lo que quieres.

No puedes controlar tu mente subconsciente por completo, pero puedes asignarle tareas que llevar a cabo.

¿Qué has hecho hasta ahora para obtener lo que deseas?

____

____

____

____

____

¿Con qué contratiempos o desafíos te has encontrado? ¿Qué has aprendido de ellos?

____

____

____

____

____

Una derrota temporal no es un fracaso permanente.

¿Cómo puedes mejorar tu plan?

____

____

____

____

____

____

SEGUIMIENTO DE LOS PROGRESOS
PARA TU META N.º 12

Lo que quiero

____

Fecha

_______ / _______ / _______

Describe lo que quieres exactamente con palabras o dibujos.

No te conformes con empezar desde abajo e ir ascendiendo.
Empieza uno o dos peldaños por encima
de la posición más baja.

¿Qué estás dispuesto a hacer o a sacrificar a fin de alcanzar tu objetivo?

____

____

____

¿Cuándo lo obtendrás?
Especifica una fecha: _______ / _______ / _______

¿Qué plan tienes para hacerlo realidad?

____

____

____

Cada hazaña humana empieza con un pensamiento.

Gente que puede ayudarme:

____

____

____

Cosas que necesitaré:

____

____

____

Pasos que voy a dar:

____

____

____

____

____

No permitas que los pensamientos o creencias negativas
entren en tu mente subconsciente.

Completa la declaración siguiente para construir tu aseveración diaria:

Quiero _____________ y haré _______________ para hacerlo realidad.

Lo habré logrado hacia esta fecha: _____ / _____ / _____ siguiendo la estrategia siguiente:

____

____

____

____

____

Lee tu aseveración en voz alta dos veces al día (una vez por la noche y una vez por la mañana) al tiempo que compones en tu mente una imagen clara como el agua de cómo será todo cuando tengas lo que quieres.

Siembra un pensamiento en la tierra fértil de tu mente subconsciente; cárgala de energía con emociones positivas, tales como el entusiasmo y las expectativas.

¿Qué has hecho hasta ahora para obtener lo que deseas?

____

____

____

____

____

¿Con qué contratiempos o desafíos te has encontrado? ¿Qué has aprendido de ellos?

____

____

____

____

____

Nunca te derrotarán hasta que te rindas.

¿Cómo puedes mejorar tu plan?

____

____

____

____

____

SEGUIMIENTO DE LOS PROGRESOS
PARA TU META N.º 13

Lo que quiero

____

Fecha

_______ / _______ / _______

Describe lo que quieres exactamente con palabras o dibujos.

_En buena medida, tanto el éxito como el fracaso
son resultado del hábito._

¿Qué estás dispuesto a hacer o a sacrificar a fin de alcanzar tu objetivo?

____

____

____

¿Cuándo lo obtendrás?
Especifica una fecha: _______ / _______ / _______

¿Qué plan tienes para hacerlo realidad?

____

____

____

_Si no puedes imaginarte qué es lo que deseas,
es poco probable que lo obtengas._

Gente que puede ayudarme:

____

____

____

Cosas que necesitaré:

____

____

____

Pasos que voy a dar:

____

____

____

____

____

La mente subconsciente sólo actúa sobre pensamientos claros cargados con una fuerte emoción.

Completa la declaración siguiente para construir tu aseveración diaria:

Quiero _____________ y haré _____________ para hacerlo realidad.
Lo habré logrado hacia esta fecha: ____ / ____ / ____ siguiendo la estrategia siguiente:

____

____

____

____

Lee tu aseveración en voz alta dos veces al día (una vez por la noche y una vez por la mañana) al tiempo que compones en tu mente una imagen clara como el agua de cómo será todo cuando tengas lo que quieres.

¿Qué has hecho hasta ahora para obtener lo que deseas?

____

____

____

____

____

¿Con qué contratiempos o desafíos te has encontrado? ¿Qué has aprendido de ellos?

____

____

____

____

____

La falta de perseverancia es la causa principal del fracaso.

¿Cómo puedes mejorar tu plan?

____

____

____

____

____

____

Lo que quiero

____

Fecha

______ / ______ / ______

Describe lo que quieres exactamente con palabras o dibujos.

Construye asociaciones estrechas con gente que rechace
transigir ante circunstancias desfavorables.

¿Qué estás dispuesto a hacer o a sacrificar a fin de alcanzar tu
objetivo?

____

____

____

¿Cuándo lo obtendrás?
Especifica una fecha: ______ / ______ / ______

¿Qué plan tienes para hacerlo realidad?

____

____

____

El deseo ardiente de ser y de hacer algo es el punto de partida
para obtener lo que quieres.

Gente que puede ayudarme:

____

____

____

Cosas que necesitaré:

____

____

____

Pasos que voy a dar:

____

____

____

____

____

La autosugestión no tiene favoritismos;
es igual de efectiva con todo el mundo.

Completa la declaración siguiente para construir tu aseveración diaria:

Quiero _______________ y haré _______________ para hacerlo realidad.
Lo habré logrado hacia esta fecha: ______ / ______ / ______ siguiendo la estrategia siguiente:

____

____

____

____

Lee tu aseveración en voz alta dos veces al día (una vez por la noche y una vez por la mañana) al tiempo que compones en tu mente una imagen clara como el agua de cómo será todo cuando tengas lo que quieres.

¿Qué has hecho hasta ahora para obtener lo que deseas?

____

____

____

____

____

¿Con qué contratiempos o desafíos te has encontrado? ¿Qué has aprendido de ellos?

____

____

____

____

____

El deseo intenso es el carburante que impulsa la perseverancia.

¿Cómo puedes mejorar tu plan?

____

____

____

____

____

____

____

Lo que quiero

____

Fecha

______ /______ /______

Describe lo que quieres exactamente con palabras o dibujos.

Cuando tienes una gran idea, puedes poner tu propio precio.

¿Qué estás dispuesto a hacer o a sacrificar a fin de alcanzar tu objetivo?

____

____

____

¿Cuándo lo obtendrás?
Especifica una fecha: ______ /______ /______

¿Qué plan tienes para hacerlo realidad?

____

____

____

_Cuando combinas el deseo con la convicción,
no hay nada imposible._

Gente que puede ayudarme:

____

____

____

Cosas que necesitaré:

____

____

____

Pasos que voy a dar:

____

____

____

____

____

Completa la declaración siguiente para construir tu aseveración diaria:

Quiero _____________ y haré _________________ para hacerlo realidad.

Lo habré logrado hacia esta fecha: _____ / _____ / _____ siguiendo la estrategia siguiente:

____

____

____

____

Lee tu aseveración en voz alta dos veces al día (una vez por la noche y una vez por la mañana) al tiempo que compones en tu mente una imagen clara como el agua de cómo será todo cuando tengas lo que quieres.

Tu subconsciente es como un acceso a la autopista
que conecta tu mente con la mente de otras personas
y con la Inteligencia Infinita.

¿Qué has hecho hasta ahora para obtener lo que deseas?

____

____

____

____

____

¿Con qué contratiempos o desafíos te has encontrado? ¿Qué has aprendido de ellos?

____

____

____

____

____

La perseverancia es un seguro contra el fracaso.

¿Cómo puedes mejorar tu plan?

____

____

____

____

____

Lo que quiero

Fecha

_____ / _____ / _____

Describe lo que quieres exactamente con palabras o dibujos.

El éxito no requiere explicaciones; el fracaso no admite excusas.

¿Qué estás dispuesto a hacer o a sacrificar a fin de alcanzar tu objetivo?

¿Cuándo lo obtendrás?
Especifica una fecha: _____ / _____ / _____

¿Qué plan tienes para hacerlo realidad?

Todo logro empieza con desear ardientemente algo específico.

Gente que puede ayudarme:

____

____

____

Cosas que necesitaré:

____

____

____

Pasos que voy a dar:

____

____

____

____

____

Imagínate no sólo qué obtendrás,
sino también qué tienes que ofrecer a cambio.

Completa la declaración siguiente para construir tu aseveración diaria:

Quiero _____________ y haré _____________ para hacerlo realidad.

Lo habré logrado hacia esta fecha: _____ / _____ / _____ siguiendo la estrategia siguiente:

____

____

____

____

Lee tu aseveración en voz alta dos veces al día (una vez por la noche y una vez por la mañana) al tiempo que compones en tu mente una imagen clara como el agua de cómo será todo cuando tengas lo que quieres.

¿Qué has hecho hasta ahora para obtener lo que deseas?

____

____

____

____

____

¿Con qué contratiempos o desafíos te has encontrado? ¿Qué has aprendido de ellos?

____

____

____

____

____

¿Cómo puedes mejorar tu plan?

____

____

____

____

____

Lo que quiero

____

Fecha

______ / ______ / ______

Describe lo que quieres exactamente con palabras o dibujos.

El universo favorece a quienes saben exactamente
lo que quieren y están decididos conseguirlo.

¿Qué estás dispuesto a hacer o a sacrificar a fin de alcanzar tu objetivo?

____

____

____

¿Cuándo lo obtendrás?
Especifica una fecha: ______ / ______ / ______

¿Qué plan tienes para hacerlo realidad?

____

____

____

La idea es lo principal. Dispondrás de los recursos necesarios
para ejecutar la idea fácilmente.

Gente que puede ayudarme:

____

____

____

Cosas que necesitaré:

____

____

____

Pasos que voy a dar:

____

____

____

____

____

*Tú eres el amo de tu destino porque tienes el poder
de influir sobre tu mente subconsciente.*

Completa la declaración siguiente para construir tu aseveración diaria:

Quiero ___________ y haré _____________ para hacerlo realidad.

Lo habré logrado hacia esta fecha: ____ / ____ / ____ siguiendo la estrategia siguiente:

____

____

____

____

Lee tu aseveración en voz alta dos veces al día (una vez por la noche y una vez por la mañana) al tiempo que compones en tu mente una imagen clara como el agua de cómo será todo cuando tengas lo que quieres.

El capital para llevar un negocio es tan inútil como una duna a menos que se lo combine con capacidad intelectual.

¿Qué has hecho hasta ahora para obtener lo que deseas?

____

____

____

____

____

¿Con qué contratiempos o desafíos te has encontrado? ¿Qué has aprendido de ellos?

____

____

____

____

____

Triunfarás cuando tu deseo de triunfar sobrepase tu miedo al fracaso y a las críticas.

¿Cómo puedes mejorar tu plan?

____

____

____

____

____

Lo que quiero

____

Fecha

______ /______ /______

Describe lo que quieres exactamente con palabras o dibujos.

La abundancia llega fácilmente;
nunca es el resultado del trabajo duro.

¿Qué estás dispuesto a hacer o a sacrificar a fin de alcanzar tu objetivo?

____

____

____

¿Cuándo lo obtendrás?
Especifica una fecha: ______ /______ /______

¿Qué plan tienes para hacerlo realidad?

____

____

____

Elige a gente que no acepte la derrota
para el grupo de tu mente impulsora.

Gente que puede ayudarme:

____

____

____

Cosas que necesitaré:

____

____

____

Pasos que voy a dar:

____

____

____

____

____

Los oficiales de todo raramente son buenos en nada.

Completa la declaración siguiente para construir tu aseveración diaria:

Quiero ______________ y haré ______________ para hacerlo realidad.

Lo habré logrado hacia esta fecha: _____ / _____ / _____ siguiendo la estrategia siguiente:

____

____

____

____

____

Lee tu aseveración en voz alta dos veces al día (una vez por la noche y una vez por la mañana) al tiempo que compones en tu mente una imagen clara como el agua de cómo será todo cuando tengas lo que quieres.

¿Qué has hecho hasta ahora para obtener lo que deseas?

____

____

____

____

____

¿Con qué contratiempos o desafíos te has encontrado? ¿Qué has aprendido de ellos?

____

____

____

____

____

No esperes a que llegue una pausa; crea tus propias pausas.

¿Cómo puedes mejorar tu plan?

____

____

____

____

____

____

Lo que quiero

____

Fecha

______ / ______ / ______

Describe lo que quieres exactamente con palabras o dibujos.

*A todos nosotros nos influyen y nos inspiran
fuerzas intangibles e invisibles.*

¿Qué estás dispuesto a hacer o a sacrificar a fin de alcanzar tu objetivo?

____

____

____

¿Cuándo lo obtendrás?
Especifica una fecha: ______ / ______ / ______

¿Qué plan tienes para hacerlo realidad?

____

____

____

*El liderazgo por consentimiento, no por coacción,
es el único que sobrevive.*

Gente que puede ayudarme:

____

____

____

Cosas que necesitaré:

____

____

____

Pasos que voy a dar:

____

____

____

____

____

El conocimiento es poder sólo cuando está organizado
y se lo emplea para alcanzar un objetivo específico.

Completa la declaración siguiente para construir tu aseveración diaria:

Quiero _______________ y haré _______________ para hacerlo realidad.
Lo habré logrado hacia esta fecha: ____ / ____ / ____ siguiendo la estrategia siguiente:

____

____

____

____

Lee tu aseveración en voz alta dos veces al día (una vez por la noche y una vez por la mañana) al tiempo que compones en tu mente una imagen clara como el agua de cómo será todo cuando tengas lo que quieres.

*El cerebro es una estación de transmisión y recepción
para la vibración del pensamiento: el subconsciente transmite,
y la imaginación creativa recibe.*

¿Qué has hecho hasta ahora para obtener lo que deseas?

____

____

____

____

____

¿Con qué contratiempos o desafíos te has encontrado? ¿Qué has aprendido de ellos?

____

____

____

____

____

*Tu sexto sentido hace las veces de canal de comunicación
entre tu mente y la Inteligencia Infinita.*

¿Cómo puedes mejorar tu plan?

____

____

____

____

Lo que quiero

____

Fecha

______ / ______ / ______

Describe lo que quieres exactamente con palabras o dibujos.

Al mirarte al espejo, verás a tu mejor amigo o a tu peor enemigo.

¿Qué estás dispuesto a hacer o a sacrificar a fin de alcanzar tu objetivo?

____

____

____

¿Cuándo lo obtendrás?
Especifica una fecha: ______ / ______ / ______

¿Qué plan tienes para hacerlo realidad?

____

____

____

El poder (conocimiento organizado y dirigido con inteligencia)
es esencial para el éxito.

Gente que puede ayudarme:

____

____

____

Cosas que necesitaré:

____

____

____

____

Pasos que voy a dar:

____

____

____

____

____

____

El conocimiento especializado es esencial para el éxito,
pero es abundante y barato.

Completa la declaración siguiente para construir tu aseveración diaria:

Quiero _____________ y haré _______________ para hacerlo realidad.

Lo habré logrado hacia esta fecha: _____ / _____ / _____ siguiendo la estrategia siguiente:

____

____

____

____

____

Lee tu aseveración en voz alta dos veces al día (una vez por la noche y una vez por la mañana) al tiempo que compones en tu mente una imagen clara como el agua de cómo será todo cuando tengas lo que quieres.

Los pensamientos cargados con la energía de las emociones vibran a una frecuencia más alta, lo que permite que pasen de un cerebro a otro.

¿Qué has hecho hasta ahora para obtener lo que deseas?

____

____

____

____

____

¿Con qué contratiempos o desafíos te has encontrado? ¿Qué has aprendido de ellos?

____

____

____

____

____

Subconscientemente, tu sexto sentido te mantiene fuera de los peligros y te encara hacia las oportunidades.

¿Cómo puedes mejorar tu plan?

____

____

____

____

Lo que quiero

____

Fecha

______ / ______ / ______

Describe lo que quieres exactamente con palabras o dibujos.

Tus ingresos son proporcionales al valor que ofreces.

¿Qué estás dispuesto a hacer o a sacrificar a fin de alcanzar tu objetivo?

____

____

____

¿Cuándo lo obtendrás?
Especifica una fecha: ______ / ______ / ______

¿Qué plan tienes para hacerlo realidad?

____

____

____

Aplicando el principio de la mente impulsora,
un puñado de personas con las aptitudes apropiadas
pueden construir un negocio exitoso muy deprisa.

Gente que puede ayudarme:

____

____

____

Cosas que necesitaré:

____

____

____

Pasos que voy a dar:

____

____

____

____

____

El poder se adquiere mediante un conocimiento especializado sumamente organizado y dirigido con inteligencia.

Completa la declaración siguiente para construir tu aseveración diaria:

Quiero _____________ y haré _______________ para hacerlo realidad.
Lo habré logrado hacia esta fecha: ______ / ______ / ______ siguiendo la estrategia siguiente:

____

____

____

____

Lee tu aseveración en voz alta dos veces al día (una vez por la noche y una vez por la mañana) al tiempo que compones en tu mente una imagen clara como el agua de cómo será todo cuando tengas lo que quieres.

¿Qué has hecho hasta ahora para obtener lo que deseas?

____

____

____

____

____

¿Con qué contratiempos o desafíos te has encontrado? ¿Qué has aprendido de ellos?

____

____

____

____

¿Cómo puedes mejorar tu plan?

____

____

____

____

Lo que quiero

____

Fecha

_______ / _______ / _______

Describe lo que quieres exactamente con palabras o dibujos.

_Las riquezas gravitan hacia aquéllos cuyas mentes están
preparadas para atraerlas con tanta certeza
como que el agua fluye hacia los océanos._

¿Qué estás dispuesto a hacer o a sacrificar a fin de alcanzar tu
objetivo?

____

____

____

¿Cuándo lo obtendrás?
Especifica una fecha: _______ / _______ / _______

¿Qué plan tienes para hacerlo realidad?

____

____

____

_Dos mentes trabajando en tándem generan una tercera mente
intangible, más creativa y poderosa que la suma de las otras._

Gente que puede ayudarme:

____

____

____

Cosas que necesitaré:

____

____

____

Pasos que voy a dar:

____

____

____

____

____

El conocimiento sólo tiene valor cuando se lo aplica
para conseguir lo que quieres.

Completa la declaración siguiente para construir tu aseveración diaria:

Quiero _____________ y haré _______________ para hacerlo realidad.
Lo habré logrado hacia esta fecha: _____ / _____ / _____ siguiendo la estrategia siguiente:

____

____

____

____

Lee tu aseveración en voz alta dos veces al día (una vez por la noche y una vez por la mañana) al tiempo que compones en tu mente una imagen clara como el agua de cómo será todo cuando tengas lo que quieres.

Cada fracaso lleva consigo la semilla del éxito.

¿Qué has hecho hasta ahora para obtener lo que deseas?

\
\
\
\
\

¿Con qué contratiempos o desafíos te has encontrado? ¿Qué has aprendido de ellos?

\
\
\
\
\

Lo que vales para los demás no reside en lo que sabes,
sino en qué haces con lo que sabes.

¿Cómo puedes mejorar tu plan?

\
\
\
\
\
\

Lo que quiero

____

Fecha

_______ / _______ / _______

Describe lo que quieres exactamente con palabras o dibujos.

La conciencia de la privación se apoderará de la mente
que no esté ocupada por la conciencia de la abundancia.

¿Qué estás dispuesto a hacer o a sacrificar a fin de alcanzar tu objetivo?

____

____

____

¿Cuándo lo obtendrás?
Especifica una fecha: _______ / _______ / _______

¿Qué plan tienes para hacerlo realidad?

____

____

____

Las mentes que trabajan en armonía generan
una poderosa fuerza creativa.

Gente que puede ayudarme:

____

____

____

Cosas que necesitaré:

____

____

____

Pasos que voy a dar:

____

____

____

____

____

El camino del éxito es la persecución continua
del conocimiento.

Completa la declaración siguiente para construir tu aseveración diaria:

Quiero ___________ y haré _____________ para hacerlo realidad.

Lo habré logrado hacia esta fecha: _____ / _____ / _____ siguiendo la estrategia siguiente:

____

____

____

____

Lee tu aseveración en voz alta dos veces al día (una vez por la noche y una vez por la mañana) al tiempo que compones en tu mente una imagen clara como el agua de cómo será todo cuando tengas lo que quieres.

*El pensamiento positivo puede convertir
el sufrimiento en una baza.*

¿Qué has hecho hasta ahora para obtener lo que deseas?

____

____

____

____

____

¿Con qué contratiempos o desafíos te has encontrado? ¿Qué has aprendido de ellos?

____

____

____

____

____

*Si una emoción poderosa no se transmuta en un esfuerzo
productivo, obtendrá un resultado menos valioso.*

¿Cómo puedes mejorar tu plan?

____

____

____

____

____

Lo que quiero

____

Fecha

_______ / _______ / _______

Describe lo que quieres exactamente con palabras o dibujos.

Las riquezas no responden a los deseos.

¿Qué estás dispuesto a hacer o a sacrificar a fin de alcanzar tu objetivo?

____

____

____

¿Cuándo lo obtendrás?
Especifica una fecha: _______ / _______ / _______

¿Qué plan tienes para hacerlo realidad?

____

____

____

Piensa como un mánager, organizando el conocimiento
y los recursos necesarios para obtener lo que quieres.

Gente que puede ayudarme:

____

____

____

Cosas que necesitaré:

____

____

____

Pasos que voy a dar:

____

____

____

____

____

El conocimiento especializado está detrás de todas las ideas.

Completa la declaración siguiente para construir tu aseveración diaria:

Quiero ______________ y haré ________________ para hacerlo realidad.

Lo habré logrado hacia esta fecha: _____ / _____ / _____ siguiendo la estrategia siguiente:

____

____

____

____

____

____

Lee tu aseveración en voz alta dos veces al día (una vez por la noche y una vez por la mañana) al tiempo que compones en tu mente una imagen clara como el agua de cómo será todo cuando tengas lo que quieres.

Vence o perece, pero nunca te batas en retirada.

¿Qué has hecho hasta ahora para obtener lo que deseas?

____

____

____

____

____

¿Con qué contratiempos o desafíos te has encontrado? ¿Qué has aprendido de ellos?

____

____

____

____

____

Tu subconsciente actúa continuamente
tanto si estás despierto como si estás dormido.

¿Cómo puedes mejorar tu plan?

____

____

____

____

____

____

Contenidos extra

Los seis fantasmas del miedo

El miedo puede ser una motivación poderosa, incitándonos a actuar cuando nos sentimos amenazados (lucha o huye). Sin embargo, también puede bloquearnos durante nuestras rutas e impedirnos emprender acciones decisivas. Y lo que es peor, quizá, ciertos temores nos pueden condenar al fracaso al crear *profecías autocumplidas* (predicciones o expectativas que se hacen realidad simplemente porque nos tememos que podrían darse). Por ejemplo, que tengas tanto miedo de que te abandone una persona amada, que tu ansiedad ahuyente a esa persona.

El miedo es una emoción poderosa que puede sembrar ideas negativas en la mente subconsciente, la cual hace todo lo que se le dice que haga. Si tememos el fracaso, las imágenes del fracaso quedarán estampadas en nuestra mente subconsciente. Asimismo, si tememos las críticas, la frustración o la derrota, éstas pasarán al subconsciente, el cual empezará a atraer inmediatamente todas esas cosas hacia tu vida.

En *Piense y hágase rico,* Napoleon Hill alerta sobre los seis fantasmas del miedo siguientes:

1. Miedo a la pobreza.
2. Miedo a las críticas/al fracaso.
3. Miedo a la enfermedad.
4. Miedo a la pérdida (del amor o de un ser amado).
5. Miedo a la vejez.
6. Miedo a la muerte.

Las once cualidades esenciales de un buen líder

Por lo general, la gente suele acabar en una de las dos categorías siguientes: los líderes y los seguidores. Ninguno de ellos es mejor o peor que el otro. Sin embargo, los líderes suelen ser más prósperos porque organizan y dirigen el conocimiento y los recursos para brindar los resultados deseados.

Si te atrae el liderazgo, empieza a cultivar en ti mismo las siguientes once cualidades del buen líder:

1. Un coraje inquebrantable.
2. Autocontrol.
3. Un agudo sentido de la justicia.
4. Capacidad de decisión.
5. Ser hábil planificando.
6. Tener el hábito de hacer más de lo que se paga.
7. Una personalidad agradable.
8. *Tener* empatía y ser comprensivo.
9. Prestar atención al detalle.
10. Estar dispuesto a asumir toda la responsabilidad.
11. Una actitud cooperativa.

Las diez causas principales del fracaso en el liderazgo

Si te corresponde cumplir el rol del liderazgo, procura evitar las diez causas principales del fracaso en el liderazgo indicadas a continuación:

1. Incapacidad para organizar los detalles.
2. Ser reacio a servir a los demás con humildad.
3. Tener la expectativa de pagar por lo que ellos «saben» en lugar de hacerlo por lo que hacen con ese conocimiento.
4. Tener miedo a la competencia de los seguidores.
5. La falta de imaginación.
6. El egoísmo.
7. La intemperancia.
8. La deslealtad.
9. Liderar por la fuerza en lugar de por consenso
10. Enfatizar los títulos por encima del temperamento.

Las treinta causas principales del fracaso

La mayor tragedia que tiene la vida es que una mayoría avasalladora de la población, un 98 %, fracasa cuando intenta hacerse con lo que quiere obtener de la vida. En la mayoría de los casos, los fracasos pueden atribuirse a una o más de las causas indicadas a continuación:

1. Capacidad intelectual insuficiente hereditaria.
2. Carencia de un propósito bien definido en la vida.
3. Falta de ambición para apuntar alto por encima de la mediocridad.

4. Una educación insuficiente.

5. Falta de autodisciplina.

6. Mala salud.

7. Influencias ambientales adversas durante la infancia.

8. Procrastinación.

9. Falta de perseverancia.

10. Personalidad negativa.

11. Carencia de una pasión controlada.

12. Desear obtener descontroladamente algo a cambio de nada.

13. Indecisión.

14. Miedo.

15. Elegir mal a la pareja.

16. Exceso de cautela.

17. Elegir mal a los socios de negocios.

18. Las supersticiones y los prejuicios.

19. Elegir mal una vocación.

20. Carecer de un esfuerzo concentrado.

21. El hábito de gastar indiscriminadamente.

22. Falta de entusiasmo.

23. Intolerancia.

24. Intemperancia.

25. Incapacidad para colaborar con otras personas.

26. La posesión de un poder que no fue adquirido a través del propio esfuerzo.

27. La deslealtad deliberada.

28. El egotismo y la vanidad.

29. Suponer en lugar de pensar.

30. Falta de capital.

Veintiocho preguntas que hacerte a ti mismo: Un autoinventario

1. ¿He alcanzado la meta que me había puesto para este año? Especifica la meta y si la has alcanzado.
   ❏ SÍ ❏ NO

   ____

   ____

   ____

2. ¿He cumplido dando un servicio/producto de la mejor calidad posible?
   ❏ SÍ ❏ NO

3. ¿He cumplido dando la mayor cantidad de servicios?
   ❏ SÍ ❏ NO

4. ¿He sido agradable y cooperativo en todo momento?
   ❏ SÍ ❏ NO

5. ¿Ha reducido la procrastinación mi productividad?
   ❏ SÍ ❏ NO

6. ¿He mejorado mi personalidad? Si es así, ¿de qué forma?
   ❏ SÍ ❏ NO

   ____

   ____

   ____

7. ¿He sido perseverante a la hora de seguir mis planes para llevarlos a cabo?
   ❏ SÍ ❏ NO

8. ¿He sido decisivo en todo momento?
❏ SÍ ❏ NO

9. ¿He permitido que el miedo me reprimiera?
❏ SÍ ❏ NO

10. ¿He sido demasiado precavido?
❏ SÍ ❏ NO

11. ¿Han sido armoniosas mis relaciones con mis socios de negocios?
❏ SÍ ❏ NO

12. ¿He malgastado energías mediante la carencia de un esfuerzo concentrado?
❏ SÍ ❏ NO

13. ¿He sido abierto de miras y tolerante?
❏ SÍ ❏ NO

14. ¿En qué sentido he mejorado mi habilidad para prestar servicio?

____

____

____

15. ¿He sido desmedido con alguno de mis hábitos?
❏ SÍ ❏ NO

16. ¿He expresado abierta o secretamente alguna forma de egotismo?
❏ SÍ ❏ NO

17. ¿Se ha ganado mi comportamiento el respeto de mis socios?

❏ SÍ ❏ NO

18. ¿Se han basado mis opiniones y decisiones en suposiciones o en la precisión del análisis y del pensamiento?

19. ¿He seguido el hábito de planear la administración de mi tiempo, mis gastos y mis ingresos, y he sido prudente al establecer esas asignaciones?

❏ SÍ ❏ NO

20. ¿Cuánto tiempo he malgastado el mes pasado haciendo esfuerzos improductivos?

_______ DÍAS Y _______ HORAS

21. ¿Cómo puedo reasignar mi tiempo y modificar mis hábitos para aumentar mi eficiencia y eficacia?

22. ¿Se me puede achacar algún comportamiento del que no esté orgulloso? Si es así, describe esa conducta.

❏ SÍ ❏ NO

23. ¿En qué sentidos he prestado un servicio excesivo en relación con lo que se me ha pagado?

____

____

____

24. ¿He sido injusto con alguien? Si es así, ¿de qué forma(s)?
    ❏ SÍ ❏ NO

____

____

____

25. De haber sido yo el receptor de mis propios servicios durante este año, ¿estaría satisfecho con la cantidad que he pagado por ellos?
    ❏ SÍ ❏ NO

26. ¿Sigo la vocación correcta? Si no es así, ¿por qué no?
    ❏ SÍ ❏ NO

____

____

____

27. ¿Ha estado el adquiriente de mis servicios satisfecho con los servicios prestados? Si no es así, ¿por qué no?
    ❏ SÍ ❏ NO

____

____

____

28. En una escala del 1 al 5, ¿cómo valoraría mi propia adhesión a los principios fundamentales del éxito?
    ❏ 1 ❏ 2 ❏ 3 ❏ 4 ❏ 5

Notas

Acerca de Napoleon Hill

Napoleon Hill nació en 1883 en Virginia y falleció en 1970 tras una larga y exitosa carrera como académico, autor y consultor para líderes del mundo de los negocios. *Piense y hágase rico* es el superventas de todos los tiempos en su campo; habiéndose vendido 15 millones de copias por todo el mundo, asienta el estándar para el pensamiento motivador de hoy en día. Los principios y los conocimientos contenidos en *Piense y hágase rico,* los adoptan millones de personas de todo el mundo, incluyendo a líderes de pensamiento e *influencers,* innovadores tecnológicos y millonarios de todos los campos que han hecho su fortuna por su propio esfuerzo.

Índice

Introducción 7

Sobre este diario 11

EL DIARIO DE *PIENSE Y HÁGASE RICO* 13

Los trece principios para pensar y hacerse rico 15

  1.ᵉʳ principio – El deseo 15

  2.º principio – La fe (la certeza) 16

  3.ᵉʳ principio – La autosugestión 17

  4.º principio – El conocimiento especializado 18

  5.º principio – La imaginación 19

  6.º principio – La planificación organizada 19

  7.º principio – La decisión 20

  8.º principio – La perseverancia 21

  9.º principio – El poder de la mente impulsora 22

  10.º principio – El misterio de la transmutación 23

  11.º principio – La mente subconsciente 25

  12.º principio – El cerebro 26

  13.º principio – El sexto sentido 27

Los seis (más o menos) pasos para hacerte con todo
    lo que quieres obtener de la vida 29

Empieza tu viaje 33

Averiguar tu propósito 34

Descubriendo qué es lo que quieres 37

Marcándote tus metas a largo plazo 42

    Un año 43

    Tres años. 44

    Cinco años. 45

PÁGINAS DE SEGUIMIENTO DE TUS METAS 49

Contenidos extra 177

Los seis fantasmas del miedo 177

Las once cualidades esenciales de un buen líder 178

Las diez causas principales del fracaso en el liderazgo 179

Las treinta causas principales del fracaso. 179

Veintiocho preguntas que hacerte a ti mismo: Un autoinventario 181

Notas 185

Acerca de Napoleon Hill 187